El método Catfulness

Un gato nos enseña qué es la felicidad

Paolo Valentino

Ilustraciones
Marianna Coppo

Traducción de Helena Aguilà Ruzola

URANO

Argentina – Chile – Colombia – España
Estados Unidos – México – Perú – Uruguay – Venezuela

Título original: *Il metodo Catfulness*
Editor original: Mondadori Libri S.p.A., Milano
Textos a cargo de Paolo Valentino
Ilustraciones de Marianna Coppo
Traducción: Helena Aguilà Ruzola

1.ª edición Mayo 2017

Copyright © 2016 by Mondadori Libri S.p.A., Milano
All Rights Reserved
© 2017 de la traducción *by* Helena Aguilà Ruzola
© 2017 by Ediciones Urano, S. A.U.
Aribau, 142, pral. – 08036 Barcelona
www.edicionesurano.com

ISBN: 978-84-7953-983-2
E-ISBN: 978-84-16990-24-5
Depósito legal: B-8.260-2017

Fotocomposición: Ediciones Urano, S. A.U.
Impreso por Liberdúplex, S.L. – Ctra. BV 2249 Km 7,4
Polígono Industrial Torrentfondo – 08791 Sant Llorenç d'Hortons (Barcelona)

Impreso en España – *Printed in Spain*

El método Catfulness

Introducción

«He vivido con varios maestros zen… todos eran gatos». «Creo que los gatos son espíritus que han bajado a la tierra. Seguro que los gatos andan sobre las nubes». «No hay nada más dulce que la sensación de paz que infunde cuando duerme; nada más vivo que su naturaleza cuando se mueve»… Y podría continuar, porque los seres humanos han dicho de todo sobre nosotros, los gatos.

Yo, como gato, no sé cuánto hay de cierto en ello. Me limito a vivir, sin preocuparme de lo que sucedió en mis vidas anteriores, o de lo que sucederá en mis vidas futuras. El futuro es una proyección de la mente. ¿Por qué vamos a preocuparnos por él ahora?

Imagino que los seres humanos, desde tiempo inmemorial, nos consideran monjes meditativos en miniatura, o incluso divinidades… Y a nosotros, huelga decirlo, nos encanta hacerles creer que somos así.

Los seres humanos se crean un montón de problemas ellos solitos.

Lo veo, todos los felinos lo vemos. Nunca paran quietos, y una de sus principales ocupaciones es buscarse ocupaciones, como si jamás se permitieran el lujo de hacer una pausa. Además, no suelen expresar lo que tienen dentro; quieren una cosa, pero dicen que quieren otra si temen herir la sensibilidad de alguien. Algunos hablan en voz muy alta, como para aturdir a quien tienen delante; otros se mueven nerviosamente, andan arriba y abajo por una habitación, agitan los brazos, las piernas, la cabeza… Siempre persiguen algo más, como si la vida que están viviendo no fuera suficiente. Dicen que buscan «la felicidad», pero ¿saben qué es la felicidad realmente?

Por suerte, estamos nosotros, los gatos.

Nosotros comemos cuando tenemos hambre, bebemos cuando tenemos sed, dormimos cuando tenemos sueño y sólo vivimos en nuestro presente, instante a instante. Y como no tenemos que complacer a nadie, salvo a nosotros mismos, hacemos más felices a los que nos rodean.

Es algo así como lo que enseña el mindfulness, el arte de vivir conscientemente el presente. Algo que los gatos practicamos desde siempre.

Si los seres humanos aprendieran a observarnos mejor, sin duda viviríamos en un mundo más sereno. O al menos deberían pasar más tiempo con nosotros, acariciándonos, jugando o cepillándonos, sin pensar que ese tiempo se lo están quitando a sus deberes. Porque el deber más importante es ser felices.

Como dijo Sigmund Freud: «El tiempo que pasamos con los gatos nunca es tiempo perdido».

En este libro he querido poner por escrito todo lo que los seres humanos pueden hacer para empezar a ser felices de una vez por todas. Es un programa dividido en siete semanas, porque un gato tiene siete vidas. Poner en práctica estos consejos significa emprender una existencia libre de las cargas y obligaciones que atan el alma a la tierra.

Tal vez así empecéis una nueva vida…

PRIMERA
SEMANA

Quietos y relajados

Si te pasas la vida pensando y haciendo,
haciendo y pensando, es como no vivir.
¿Por qué no paras, te relajas
y observas lo que te rodea?
Descubrirás que el mundo avanza
sin ti, sin tus angustias
y preocupaciones. Tú mantente a distancia
y observa, igual que yo,
desde la repisa más alta del salón.
Entonces vivirás de verdad.

13

Todo puede ser un juego

El juego es un experimento continuo,
pone a prueba los cinco sentidos
y te descubre cosas nuevas de ti y del mundo.
No te conformes con tus pasatiempos
de siempre, tan conocidos. Busca nuevos juegos,
o transforma en juego tus hábitos.
Tú no estás loco. Están locos quienes creen
que el juego termina en la edad adulta.

Ten paciencia

Puedo quedarme horas inmóvil frente
a la madriguera de un ratón.
No existe ningún reloj, ni de pared ni interior,
cuando está en juego un objetivo tan importante.
Por eso un maestro sufí, a la pregunta:
«¿Quién te enseñó a meditar?»,
contestó: «Un gato agazapado frente a la madriguera
de un ratón».

15

No abandones la curiosidad

¿Qué se esconde detrás de un mueble?
¿Qué verás si subes
al punto más alto de la casa?
¿Qué habrá detrás de una cancela cerrada,
o al final de una calle desconocida?
No abandones nunca la curiosidad
y la vida te seguirá dando, día tras día,
sorpresas pequeñas o sensacionales.

Observa una pecera

Observa una pecera para combatir el estrés.
No importa si es grande o pequeña.
Lo importante es que haya peces
(simples peces rojos o
ejemplares tropicales multicolores)
nadando. Su movimiento dulce,
casi hipnótico, y su respiración lenta
ahuyentan los malos pensamientos.

Sumérgete en el verde

Cuando la ansiedad te venza, abandónala.
Sal al balcón, cuida de tus plantas,
o da un paseo por el parque.
Túmbate en un prado sin pensarlo.
Allí, rodeado de verde, donde la vida
sigue los ritmos ancestrales de la naturaleza,
donde la hierba crece sola,
sin necesidad de que intervengas,
encontrarás la paz en un instante.

Día de descanso

Hoy es domingo: descansa.
Borra la palabra «deber» de este día,
deja que la mente se vacíe…
Y sobre todo no pienses
que mañana vuelve a ser lunes.
Mañana es mañana, y ahora es ahora.

19

Redescubre el mundo

Es importante no dar por descontado lo que te rodea. La curiosidad es una terapia que debes seguir todos los días. Si la interrumpes, aparecen el aburrimiento y la frustración, junto con el deseo de evadirse.

El mundo está lleno de sorpresas si aprendes a mirarlo con los ojos adecuados. Nada es igual a sí mismo. Todos los días pueden ser una ocasión especial para redescubrirlo; sólo tienes que observarlo atentamente con los cinco sentidos. Será un gran descubrimiento.

Coge un objeto de casa que te acompañe desde hace años; por ejemplo, un recuerdo que compraste durante unas vacaciones. Sujétalo entre las manos, obsérvalo de cerca, huélelo y luego pregúntate por qué lo fabricaron, cuántas personas trabajaron para hacerlo. Y se convertirá en un objeto aún más preciado.

Cuando limpies el polvo de la estantería, saca todos los libros y, al volverlos a colocar, echa un vistazo a los títulos. ¿Los has leído todos? ¿Cuándo? ¿Qué emociones te inspiraron? ¿Por qué no abres los que aún no has leído?

Observa cómo cambian día a día las plantas en las macetas del balcón, o en el jardín de tu casa. Hay tanta vida dentro de una planta silenciosa… ¿a que sí?

SEGUNDA
SEMANA

Líbrate de los abalorios

Sólo hay una forma de sentirse libre:
dejar caer todos los pesos que llevamos encima.
Los abalorios también pueden ser un peso.
Yo prefiero no llevar lazos, campanillas ni trajecitos.
Si sientes encima un peso
(pequeño o insostenible),
haz lo más sencillo: déjalo caer.

25

Valora la rutina

La vida diaria no es
una jaula de la que escapar.
Sumando la alegría
de los pequeños gestos cotidianos
alcanzamos la felicidad:
despertar, comer en los cuencos,
dormir, despertar otra vez, correr, saltar…
Ya lo dijo Bodhidharma:
la vida cotidiana es zen.

No te enamores del ritmo frenético

Quienes tienen la agenda llena,
viajan y asisten a mil actos sociales
parecen fascinantes, lo sé.
Y, en comparación, tu vida,
quizá menos apasionante,
puede parecer aburrida.
Pero en realidad el ritmo frenético
no es tan interesante. Yo hago pocas actividades,
siempre las mismas, y vivo muy bien así.

¿Qué es correcto y qué es incorrecto?

En la vida no existen lo «correcto» y lo «incorrecto»,
eso son postes para atar burros.
Es lo que dice un antiguo proverbio zen.
No lo hagas todo como siempre, de forma «correcta».
Para llegar al alféizar,
yo siempre recorro nuevos caminos:
subo, paso por encima del escritorio,
salto, a veces me caigo.
Permítete hacer algo «incorrecto»,
y valorarás más el resultado.

Es bonito dejar que te cepillen

Cepillarte o dejar que te cepille
alguien a quien quieres no es sólo
un momento de placer que te regalas.
Cepillándote despacio y
repetidamente el pelo,
estimularás muchos puntos
del placer *shiatsu*.
Pero, por favor, no olvides
cepillarme a mí.
Es *nuestro* momento de intimidad.

29

Si quieres algo, dilo

El silencio puede ser tu peor enemigo.
Cuando desees mucho algo,
haz que tu voz se oiga fuerte,
aunque puedas herir la sensibilidad de alguien.
Exterioriza tus emociones;
si no, todo lo que no has dicho
quedará en tu interior y te irá devorando lentamente.

Día de descanso

Dicen que no hacer nada
es lo más difícil del mundo.
Quizá lo sea para los humanos,
que tienen mucho que aprender
sobre ello, pero no para los gatos.
Ésta tiene que ser tu única
«obligación» para hoy.

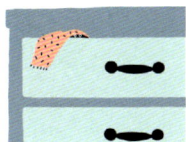

Sigue un ritual

Los gatos somos animales de costumbres. Nos gusta hacer todos los días más o menos lo mismo, con pequeñas variaciones mínimas para que la vida no sea tan monótona. Eso es porque nos gusta nuestra vida, nos gusta lo que hacemos y no soñamos con vivir otras vidas, como les suele ocurrir a los seres humanos.

El objetivo de este ejercicio es que aprendas a valorar más lo que tienes.

Elige una de las actividades que realizas habitualmente y que te parecen una carga, como por ejemplo lavarte los dientes por la mañana, o bajar la basura.

Y piensa: «Ah, qué agradable es realizar esta actividad». Al principio te parecerá una tontería, pero hazlo, confía en mí.

La próxima vez que realices esta actividad, no pienses en lo que podrás o tendrás que hacer al terminarla. Piensa solamente en lo que estás haciendo. Por ejemplo, si te estás lavando los dientes, concéntrate en la sensación que te da el cepillo contra los dientes, en el sabor que te deja el dentífrico en la lengua y el paladar. En ese momento, *simplemente*, te estás lavando los dientes.

Repite la operación como mínimo una semana. Seguro que al séptimo día lavarte los dientes, o bajar la basura, ya no te parece una carga que debes terminar rápido para pasar a algo más interesante o más útil.

TERCERA
SEMANA

Cambia las costumbres

Nada te impide cambiar
tus costumbres
si así lo deseas.
¿Por qué vas a dormir siempre en tu cama
si en casa hay otros lugares
donde echar una siesta?
Si huyes de las costumbres,
descubrirás que el único lugar seguro e inmutable
es tu interior; no importa donde estés.

37

Levántate y retoma el camino

Podemos caernos, herirnos o decepcionarnos,
pero luego nos tenemos que levantar.
Y, caída tras caída, aprendemos a esquivar
los golpes, a reconocer a distancia los peligros,
pero también a no dejarnos vencer
y a soportar lo que pueda ocurrir.
Yo tengo siete vidas, y cada vez que renazco
soy más feliz.

Disfruta del panorama

Busca algo de tiempo cada día
para asomarte a la ventana y contemplar el panorama.
Observa la vida que hay fuera de tu casa:
los coches que pasan, las personas que andan,
los pájaros que vuelan… Y luego concéntrate
en el punto más lejano del horizonte.
Los ojos se relajarán y sentirás que se crea
dentro de ti un espacio nuevo.

39

Desahógate. Es normal.

No creas que desahogarte
cuando lo necesitas
te convierte en peor persona.
Todos tenemos dos almas:
una más tranquila y otra más inquieta.
No te preguntes por qué
a veces saltas sin motivo.
Deja que tu parte más «oscura»
salga cuando quiera
para evitar que te devore.

El miedo es algo pasajero

Las emociones tienen un tiempo limitado.
Llegan para iluminar u oscurecer la mente,
y tal como llegan, se van.
Así ocurre con el miedo, la emoción
que te protege del peligro.
Cuando la emergencia pase,
no sigas pensando en el peligro
ni en los riesgos que has corrido.
Libera tu mente y deja espacio
a emociones nuevas y positivas.

41

Aprende a decir que no

«Gato escaldado, del agua fría huye»,
dice el refrán. Y es cierto.
Recuerda siempre lo que te ha herido en la vida
y no permitas que te hiera
por segunda vez. No estás obligado
a hacer lo que quieren los demás.
Aprende a decir que no. Al principio te costará,
pero después será tu mejor arma para una vida más serena.

Día de reposo

El ocio es el padre de toda filosofía,
declaró un filósofo famoso.
Tal vez quiso decir
que cuando dejamos atrás
las ideas obsesivas,
aparece al fin una idea clara,
cristalina y *verdadera*.

43

No te quedes atrapado en la rutina

La vida no siempre es especial o extraordinaria. Está hecha de hábitos, de acciones repetidas día tras día.

Pero una rutina vivida con plena conciencia, saboreando cada gesto, es muy distinta a una rutina vivida con el «piloto automático», sin fijarnos en lo que hacemos, o peor aún, con tensión, como si estuviéramos en una cárcel de la que no podemos escapar.

Si la huida nos parece la única salida, eso significa que no vivimos en el presente y que debemos hacer algo para empezar a valorar la vida cotidiana. Un método puede ser cambiar ligeramente nuestros hábitos.

Quizá en casa, o en el restaurante donde almuerzas habitualmente, tienes por costumbre sentarte siempre en la misma silla. Si es así, cámbiala. El mundo de antes, visto desde otra perspectiva, te parecerá distinto. En realidad, no habrá cambiado nada, pero para ti ya no será lo mismo de siempre.

Si recorres siempre el mismo camino para ir a la oficina, cámbialo. A lo mejor tardas un poco más, pero el día empezará de una manera especial.

Pasea por tu barrio aunque no quieras ir a ninguna parte o no tengas recados que hacer. Sencillamente, coloca un pie detrás de otro, mira a tu alrededor, agudiza el olfato, escucha cómo hablan los transeúntes, cómo pasan los coches. Y siéntete parte de la vida.

CUARTA
SEMANA

No busques siempre en otra parte

No creas que las maravillas y los descubrimientos
están siempre lejos, en otra parte.
Yo sueño con pasarme la vida en lugares
que ya conozco: mi sofá, mi alféizar,
o la alfombra en la que me limo las uñas.
Un escritor dijo que el verdadero viaje
no consiste en buscar nuevos paisajes,
sino en tener nuevos ojos.

Sé tuyo y sólo tuyo

No permitas que los demás
te consideren una propiedad suya,
o peor aún, una conquista.
Dentro de ti
hay una parte pura y profunda
que nadie podrá aferrar
ni someter jamás.
Consérvala siempre, aun a riesgo
de parecer huraño. Esa parte eres tú,
y perderla significa perder la felicidad.

Cambia de perspectiva

¿Por qué prefiero una caja de cartón
al cojín suave que me has comprado?
Pregúntate
por qué a veces el catre chirriante
de un refugio de montaña te parece más acogedor
que una cama mullida de hotel.
Es una cuestión de perspectiva:
sé sincero contigo mismo y no elijas
lo más bonito,
sino lo que te haga más feliz.

51

Una cuestión de aplomo

Observa a quienes menean la cola
por cualquier tontería
y piensa en la energía que desperdician.
A veces es mejor mantener el aplomo,
gesticular menos,
bajar el tono de voz,
respirar y hablar más despacio…
No hay necesidad de llamar la atención
para que los demás nos vean.

Mantén la casa limpia

Tu casa es tu pequeño reino,
el lugar donde estar tranquilo,
en paz y sereno.
Mantenlo limpio y ordenado
y el orden y la limpieza
se convertirán en un orden
y una limpieza interiores,
que te permitirán ver
con mayor claridad tus emociones.

53

La ternura es una fuerza

Una expresión severa,
una actitud distante
o unas palabras duras
no te harán más fuerte,
ni harán que los demás te respeten o te deseen.
Al contrario. No temas mostrar
tu lado más tierno y admitir
que necesitas otra dosis de mimos.
A cambio recibirás todo el amor que mereces.

Día de descanso

Otra vez domingo.
Aprovecha el día para no hacer nada.
Cuando descansamos por completo,
igual que cuando soñamos,
afloran las verdades ocultas.
Lo dijo una gran escritora.
Yo digo (y tal vez sea lo mismo)
que descansar ayuda a que aflore
nuestro yo interior.

PRR
PRR

Tienes que calmarte

¿Has observado alguna vez a las personas nerviosas? Mira cómo mueven rápido las manos, o tamborilean con los pies, y escucha cómo levantan la voz. ¿Qué te molesta más? Los felinos preferimos a las personas tranquilas y silenciosas, con las que compartimos momentos de profunda calma.

Sé que a veces nuestros maullidos pueden ser irritantes (ya sabes… tenemos que imponer nuestra voz cuando es necesario), pero los ronroneos, con su sonido bajo y agradable, pueden inspirarte un gran aplomo.

Lo primero que debes hacer es aprender a observarte: ¿eres una persona nerviosa? Por ejemplo, ¿levantas la voz o te mueves bruscamente? Si es así, empieza a decirte: «cálmate», e intenta un pequeño experimento.

Cuando estés en medio de una discusión y te sientas atacado, en vez de atacar tú también, piensa en la Esfinge rodeada de dunas, inmóvil, con su cuerpo felino, vigilando las pirámides… Luego respira hondo y esfuérzate por discutir en tono calmado con tu interlocutor. Él se sentirá desconcertado y probablemente (no depende sólo de ti) la tensión desaparecerá.

Cuando tu pareja entre en casa, no empieces a preguntarle y pedirle cosas, a cargarla con tus tensiones. Piensa que ella también ha tenido un día difícil. Recíbela con ternura y calma, y háblale con delicadeza. Seguro que así disfrutaréis de una noche relajada.

QUINTA
SEMANA

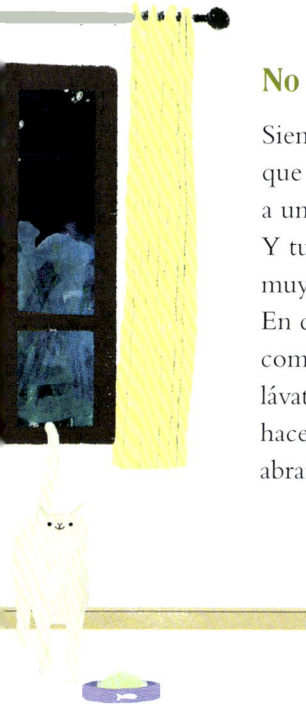

No te pongas muchas normas

Siempre te han dicho que hay
que comer, lavarse y despertar
a unas horas determinadas.
Y tu día se rige por una planificación
muy precisa y fija.
En cambio, yo te digo:
come cuando tengas hambre,
lávate cuando sientas la necesidad de
hacerlo, despierta cuando tus ojos se
abran solos. Eso es zen.

61

Échate la siesta

El ocio es un arte.
En un mundo que corre a toda velocidad
y se concede pocas pausas,
redescubre el placer de un bostezo
o de una breve siesta.
Abandona tu cuerpo a la indolencia
y cierra los ojos. No será tiempo perdido.
Despertarás lleno de energía
para retomar el día.
Mi lema es: «Duerme y deja dormir».
Siempre.

Da las gracias

Si eres feliz, agradécelo sin pensarlo.
Yo doy las gracias con mimos,
o dejándote un regalo a los pies de la cama,
un gorrión o un pajarillo
que he cazado para ti.
Tú puedes hacerlo con una sonrisa, una palabra amable
dedicada a quien ha mejorado tu día.
Y cada mañana al despertar,
dale las gracias a la vida.
Al día siguiente tendrás más motivos
para dar las gracias.

No te rindas nunca

¿Qué es una prohibición? Sólo una forma mental
que nos impide ver otras maneras de vivir
y de cumplir nuestros sueños.
Para mí las prohibiciones no existen.
Sólo me rindo
cuando pierdo interés.
Si quiero algo, puedo ser muy,
pero que muy testarudo.
Y eso es ser muy, pero que muy honesto
con uno mismo, y estar más sereno.

Hazte amigo del vacío

Que no te dé miedo el vacío.
De vez en cuando deja que la mente se libere
de tantos pensamientos y obligaciones.
Abandónate y quédate un buen rato
con los ojos perdidos en el vacío.
Es lo que hago yo.
El vacío no es una carencia, sino todo lo contrario.
Voy a confesarte algo, aunque
de momento no lo entiendas:
el vacío y el todo son lo mismo.

65

Defiende tu territorio

No es necesario conquistar el mundo
si ya somos los reyes de nuestro territorio;
aunque sea pequeño, es tu reino, tu casa.
Haz que sea un espacio a tu imagen y semejanza,
totalmente acorde a tus hábitos,
y no permitas jamás
que nadie lo invada.

Día de descanso

Ningún ser vivo es libre
si no descansa de vez en cuando.
Si quieres sentirte libre,
independiente y realizado como un gato,
hoy olvida todas las actividades.
No creas que sólo las «cosas útiles»
te hacen bien.

67

Sé agradecido

En el mundo hay muchas cosas por las que dar las gracias: un cuenco lleno todos los días, agua fresca para beber cuando queramos, un paseo entre las macetas del balcón, una casa limpia y ordenada, una caricia afectuosa, un premio que hace especial el día. Los humanos soléis exteriorizar vuestras emociones cuando son negativas: la rabia, el rencor, la tristeza… Es como si exteriorizar las emociones positivas os hiciera sentir culpables.

Ha llegado el momento de centraros en los momentos felices, lo cual hará crecer vuestra felicidad.

Elige un momento del día en el que estés tranquilo y relajado: un almuerzo en un parque soleado, cerca de la oficina; o cuando estás en la cama y los ojos se te empiezan a cerrar de sueño.

Coge papel y bolígrafo y escribe todas las cosas bonitas que te han ocurrido durante el día, todo aquello por lo que te sientes agradecido. Si no te ha pasado nada especial (como un regalo inesperado, un ascenso o un encuentro afortunado), piensa simplemente en la vida cotidiana: tu familia, la cena en buena compañía o la alegría de tu gato al verte entrar en casa.

Relee la lista y da las gracias mentalmente por cada cosa que te ha pasado.

Repite el ejercicio entre una y tres veces a la semana. Cuanto más lo repitas, más feliz serás y más agradecido le estarás a la vida.

SEXTA

SEMANA

Quiérete a ti mismo

No hay nadie en el mundo
más importante que tú.
No olvides nunca quién eres,
antes que nada piensa en tus necesidades
y tu felicidad. Pronto comprenderás
que no es un acto de egoísmo,
aunque algunos digan lo contrario.
No les hagas caso. Si tú eres más feliz,
iluminarás de felicidad a los que te rodean.

Respira con la barriga

Observa mi barriga mientras duermo,
cómo se mueve arriba y abajo.
¿No te tranquiliza el solo hecho de mirarme?
Es respiración abdominal,
la respiración más profunda.
Si te esfuerzas por respirar así,
reoxigenarás todo tu cuerpo,
relajarás el diafragma,
ahuyentarás la ansiedad
y conciliarás antes el sueño.

Despierta al amanecer

De vez en cuando despierta temprano,
antes de que salga el sol,
mientras los demás aún duermen,
y asiste al milagro cotidiano del amanecer.
Es el mejor momento del día,
el momento en que la luz empieza a inundar
el mundo y todo renace.
Tú también sentirás que renaces.
(Y por fin entenderás
por qué quiero despertarte).

Saborea las comidas

Da las gracias a la mano
que te pone el plato en la mesa.
Y saborea la comida con entusiasmo.
No tiene que haber cada día
algo distinto de comer.
¿Por qué cambiar siempre?
Valora lo que haces, saboréalo, y el día que pruebes
algo distinto, tu felicidad se centuplicará.

Sé independiente

Ser independiente como lo soy yo
no significa negarse a los demás
o no pedirle ayuda a nadie
(si lo necesitas, deja oír tu voz).
Significa saber valorar tu vida en solitario,
aprender a satisfacer tus necesidades
solo y no depender emotivamente
del reconocimiento ajeno.

Cuida tu cuerpo

No vivas tu cuidado personal como una carga;
conviértelo en un gesto de amor que haces por ti,
sólo por ti, y transforma el aseo cotidiano
en un rito agradable y tranquilizador.
Mis semejantes y yo dedicamos el diez
por ciento del día a nuestra higiene.
Cuando el cuerpo es feliz, la mente también lo es.

Día de descanso

Al menos hoy no pongas el despertador.
Si despiertas temprano igualmente,
contempla las primeras luces del día
y quédate un rato en la cama sin hacer nada.
Alguien dijo que la parte más feliz
de la vida de un hombre es la que pasa
despierto en la cama por la mañana.

Aprende a respirar

Los seres humanos han olvidado cómo se respira. La mayoría respiráis sólo con el tórax, especialmente en situaciones de estrés, y ello provoca más tensiones en el diafragma, el cuello, los hombros… Lo más saludable y regenerador para el cuerpo y la mente es una respiración completa, que salga de la barriga.

Ser conscientes de nuestra respiración significa tenernos más en cuenta a nosotros mismos, a nuestras emociones y energías.

Túmbate cómodamente en tu cama, en una colchoneta o en la alfombra. Extiende las piernas o, si lo prefieres, dóblalas y apoya las plantas de los pies en el suelo. También puedes realizar la respiración abdominal sentado en el suelo o en una silla, con la espalda recta. Ponte como quieras, lo importante es respirar.

Ponte una mano en el ombligo, sin hacer presión, luego inspira hondo y siente que la barriga se te hincha como un globo. La mano subirá junto con el abdomen.

Espira, y la mano bajará junto con el abdomen, que se contraerá ligeramente. Si quieres, acentúa la espiración para vaciar por completo la barriga; así reciclarás más profundamente el aire.

Empieza dedicando el mismo tiempo a inspirar que a espirar; luego ve aumentando progresivamente el tiempo de espiración hasta hacer dos a uno, por ejemplo, diez segundos de espiración y cinco de inspiración.

SÉPTIMA SEMANA

No pienses tanto, actúa

Si quieres definirlo todo con la mente,
sólo generarás confusión.
A veces la mejor manera
de afrontar la vida
es dejar que te guíen
el cuerpo y el instinto.
Si el resultado es un patinazo,
no te preocupes. Un segundo y
ya lo habrás olvidado.

85

Desperézate bien

El cuerpo es el espejo del mundo interior,
y en él se acumulan
todas las tensiones del día.
Adquiere esta buena costumbre:
de vez en cuando desperézate en una cama,
o mejor aún en una alfombra,
y disfruta de la sensación liberadora
debajo de tu piel.
Las tensiones se aliviarán.

Ignora a los que te molestan

Mantén la calma y aléjate
de los que están muy nerviosos o hacen mucho ruido.
Las mejores compañías
son los amantes del silencio
y algún que otro mimo.
Si alguien te irrita o te provoca,
haz lo más sencillo: ignóralo.
Quizá parezcas altivo,
pero te ahorrarás un montón de estrés inútil.

87

Agudiza el olfato

Tenemos cinco sentidos, y cada uno
nos regala sensaciones muy agradables.
No te acuerdes del olfato sólo cuando
te lleguen olores desagradables.
Agudiza este sentido para
percibir fragancias y aromas agradables,
que te relajen y te recuerden
lo extraordinario que puede llegar a ser
el mundo que te rodea.

Come cuando tengas hambre

¿Por qué te sientes obligado a terminar
todo lo que hay en el plato
aunque no tengas más hambre?
Lo mejor es dejar de comer
en cuanto te sacies.
Aprende a escuchar tu cuerpo;
él te dirá si es el momento de comer,
si necesitas un pequeño tentempié
o darte un gran banquete.

89

Elige el sol

El sol es un baño de energía
que está a nuestra entera disposición.
Cuando sus rayos despuntan entre las nubes,
deja que la luz se refleje en tu mirada y te caliente la piel.
Sentirás el cuerpo relajado, las emociones en calma.
Abandónate completamente a la indolencia,
desperézate, date la vuelta y piensa sólo en
lo bonito y sencillo que es el regalo que te estás haciendo.

Día de descanso

Los seres humanos no saben
estar quietos en una habitación.
Y de ahí vienen todos sus problemas.
Lo dijo un gran pensador hace siglos.
Que tu domingo sea como todos mis días:
una ocasión para descubrir la alegría
de estar en este mundo, simplemente eso.
Sin tener nada que hacer.

Estiramientos felinos

- -

El deporte no tiene que ser necesariamente un momento de competición para superarte a ti mismo o a los demás, para mirarte al espejo después de entrenar y decirte: «Sí, soy bueno en esto».

El deporte también puede ser un momento para eliminar del cuerpo las tensiones acumuladas durante el día, sobre todo en la espalda.

Los estiramientos felinos sirven para eso. Al hacerlos, piensa en mí cuando arqueo la espalda hacia arriba y luego me desperezo levantando la cabeza… así te resultará más fácil.

Ponte a cuatro patas en una colchoneta cómoda. Mejor que te coloques un cojín debajo de las rodillas para protegerlas. Los muslos y los brazos perpendiculares al suelo, las rodillas alineadas con las caderas y las muñecas debajo de los hombros.

- -